La petite philo de Mafalda

L'injustice

QUINO

p'titGlénat

TU VOIS ? ÇA, C'EST LE MONDE !
TU SAIS POURQUOI IL EST JOLI, CE MONDE ?
PARCE QUE C'EST UNE MAQUETTE...
... L'ORIGINAL EST UN DÉSASTRE !

PAPA, S'IL TE PLAÎT, TU POURRAIS M'EXPLIQUER POURQUOI, AU LIEU DE CHANGER LES STRUCTURES, TOUT LE MONDE S'ÉVERTUE À RAFISTOLER LES VIEILLES CARCASSES ?

SI LES PEUPLES SAVAIENT UTILISER LEURS POUMONS COMME TOI, LES DICTATEURS N'AURAIENT PLUS QU'À SE FAIRE TOUT PETITS.

TOI, TU VAS ME FAIRE LE PLAISIR DE DURER JUSQU'À CE QUE JE SOIS GRANDE... HEIN ?
QUAND JE SERAI GRANDE, JE SERAI INTERPRÈTE À L'O.N.U.

QUE COSA ?
ERRARE HUMANUM EST

EH BIEN OUI, QUAND ÉSOPE A ÉCRIT LA DÉCLARATION DES DROITS DE L'HOMME...

C'ÉTAIT COMMENT DÉJÀ, LES DROITS DE L'HOMME ?

IL EXISTE DES HOMMES PLEINS DE PRINCIPES. C'EST DOMMAGE QU'ON NE LES LAISSE JAMAIS PASSER À L'ACTE.

INTERDIT DE MARCHER SUR LE GAZON
ET SUR LA DIGNITÉ ALORS ?

RIEN. ÇA VA PASSER. MAIS AUJOURD'HUI ON A EU UNE LEÇON SUR LES DROITS DE L'HOMME !

JE SAIS QUE MES DROITS S'ARRÊTENT LÀ OÙ COMMENCENT CEUX DES AUTRES.
MAIS EST-CE MA FAUTE SI LES DROITS DES AUTRES COMMENCENT SI LOIN ?

POURQUOI Y A-T-IL
DES PAUVRES,
MAMAN ?

UN PATRON MET SON INDEX COMME ÇA ET TROIS MILLE OUVRIERS SONT À LA RUE !

CETTE HISTOIRE DE DENTS DE LAIT, C'EST UN MYSTÈRE !
... LA SITUATION N'EST PAS SI BRILLANTE QU'ON PUISSE GASPILLER SES DENTS !

" SELON UN RAPPORT DE L'UNESCO, ON ESTIME QU'IL Y A DANS LE MONDE 700 MILLIONS D'ADULTES ANALPHABÈTES ?"
COMME LE PROGRÈS EST EN RETARD !

ET TOUS CES DROITS, IL FAUDRA LES RESPECTER, HEIN ? PAS COMME LES DIX COMMANDEMENTS !

TON DEVOIR EST DE SUIVRE TOUJOURS LE CHEMIN DU BIEN.
NORMAL. PARCE QUE SUR L'AUTOROUTE DU MAL, IL DOIT Y AVOIR DES ENCOMBREMENTS !

QU'EST-CE QUE VOUS VOULEZ LUI FAIRE AVOUER, À CETTE MALHEUREUSE AVENUE ?

"LA VIE COMMENCE À QUARANTE ANS."
ET ALORS À QUOI ÇA SERT DE NOUS FAIRE VENIR SI LONGTEMPS À L'AVANCE ?

OUI... LE DRAME, C'EST QUE LA FEMME, AU LIEU DE JOUER UN RÔLE DANS L'HISTOIRE DE L'HUMANITÉ, S'EST CONTENTÉE DE FAIRE DE LA FIGURATION...

AU FOND DE SON CŒUR, ON A TOUJOURS 20 ANS.
À QUOI ÇA SERT D'ACCUMULER UN STOCK COMME ÇA ?

DÉMOCRATIE (DU GREC DEMOS, PEUPLE, ET KRATOS, AUTORITÉ) : SYSTÈME DE GOUVERNEMENT OÙ C'EST LE PEUPLE QUI EXERCE LA SOUVERAINETÉ.

TU VOIS ? ÇA C'EST LE BÂTON POUR MATER LES IDÉOLOGIES !
AH ?

AVEZ-VOUS PENSÉ
QUE SANS
LES AUTRES, PERSONNE
NE SERAIT
AUTRE CHOSE QUE
RIEN ?

MON DIEU ! ET MAINTENANT, QU'EST-CE QU'ON VA FAIRE DE TOUTE CETTE LIBERTÉ ?

CE NE SERAIT PAS, PAR HASARD, QUE TU CONFONDRAIS ÉDUCATION ET ÉLEVAGE ?

QUAND UN PAYS EST USÉ, OUSQU'ON LE JETTE ?

CE N'EST PAS QUE LA BONTÉ N'EXISTE PAS, MAIS ELLE RESTE INCOGNITO.

CE N'EST PAS VRAI QU'AUTREFOIS C'ÉTAIT MIEUX. MAIS CEUX QUI VIVAIENT PLUS MAL NE S'EN ÉTAIENT PAS ENCORE RENDU COMPTE.

Dans la même collection

- Ainsi va le monde !
- Comment va la planète ?
- La guerre et la paix
- L'injustice

À paraître

- Un air de famille
- Amis pour la vie !
- À la soupe !
- Bienvenue à l'école !

www.ptitglenat.com
www.quino.com.ar

Conception éditoriale : Ivan Giovannucci

Couvent Sainte-Cécile, 37 rue Servan, 38000 Grenoble.
Traduction de l'espagnol : Anne-Marie & Jacques Meunier
Traduction de l'italien : Marie-Pierre Muller
Dépôt légal : janvier 2014
ISBN : 978-2-344-00019-9
Achevé d'imprimer en France en janvier 2014 par Pollina – L66767,
sur papier provenant de forêts gérées de manière durable.

Certifié PEFC
Ce produit est issu de forêts gérées durablement et de sources contrôlées.
PEFC 10-31-2065
pefc-france.org